essentials

T0349784

essentials liefern aktuelles Wissen in konzentrierter Form. Die Essenz dessen, worauf es als „State-of-the-Art" in der gegenwärtigen Fachdiskussion oder in der Praxis ankommt. *essentials* informieren schnell, unkompliziert und verständlich

- als Einführung in ein aktuelles Thema aus Ihrem Fachgebiet
- als Einstieg in ein für Sie noch unbekanntes Themenfeld
- als Einblick, um zum Thema mitreden zu können

Die Bücher in elektronischer und gedruckter Form bringen das Fachwissen von Springerautor*innen kompakt zur Darstellung. Sie sind besonders für die Nutzung als eBook auf Tablet-PCs, eBook-Readern und Smartphones geeignet. *essentials* sind Wissensbausteine aus den Wirtschafts-, Sozial- und Geisteswissenschaften, aus Technik und Naturwissenschaften sowie aus Medizin, Psychologie und Gesundheitsberufen. Von renommierten Autor*innen aller Springer-Verlagsmarken.

Weitere Bände in der Reihe http://www.springer.com/series/13088

Peter S. Przewieslik · Clemens Engelhardt

Investitionen in Pflegeimmobilien

Besonderheiten bei betreutem Wohnen

 Springer Gabler

Peter S. Przewieslik
München, Deutschland

Clemens Engelhardt
München, Deutschland

ISSN 2197-6708 ISSN 2197-6716 (electronic)
essentials
ISBN 978-3-658-35225-7 ISBN 978-3-658-35226-4 (eBook)
https://doi.org/10.1007/978-3-658-35226-4

Die Deutsche Nationalbibliothek verzeichnet diese Publikation in der Deutschen Nationalbibliografie; detaillierte bibliografische Daten sind im Internet über http://dnb.d-nb.de abrufbar.

Lektorat: Vivien Bender
Springer Gabler ist ein Imprint der eingetragenen Gesellschaft Springer Fachmedien Wiesbaden GmbH und ist ein Teil von Springer Nature.
Die Anschrift der Gesellschaft ist: Abraham-Lincoln-Str. 46, 65189 Wiesbaden, Germany

Was Sie in diesem *essential* finden können

- Welche Arten von Projektstrukturen sind im Markt üblich?
- Wer hat welche Rolle in einem Pflegeimmobilienprojekt?
- Wie ist die Rechtsbeziehung im betreuten Wohnen zum Bewohner auszugestalten?

Vorwort

Wer in der Assetklasse Pflegeheim tätig ist – sei es auf Betreiberseite oder auf Investorenseite oder als Financier bzw. Bankier – muss die relevanten Rechtsbeziehungen der Protagonisten eines solchen Projektes kennen und ihre Rolle verstehen können.

Zum einen ist da die Immobilienseite und die hieran anknüpfenden rechtlichen Parameter. Daneben steht der Betrieb im Fokus und aus Investitionssicht letztlich der Bewohner bzw. Verbraucher (stets nach folgend m/w/d gemeint), um dessen Pflege es geht und durch dessen Zahlungen bzw. Kostenübernahmen die Rendite eines Pflegeobjektes erst ermöglicht wird.

Daher widmet sich dieses essential zunächst der Rollenverteilung der einzelnen Beteiligten, um sodann die Rechtsbeziehungen zwischen Betreiber und Investor zu beleuchten. Anschließend vertieft dieses essential anhand des gängisten Falles des betreuten Wohnens auf beachtenswerte Details der vertraglichen Regelungen zwischen Betreiber und Bewohner.

München   Clemens Engelhardt\
im September 2021   Rechtsanwalt\
                                     Peter S. Przewieslik\
                                     Rechtsanwalt

Inhaltsverzeichnis

Einführung

1

Der Pflegemarkt ist ohne Zweifel ein Zukunftsmarkt. Entwicklung, Bau, Betrieb und schlussendlich auch die Nutzung von Pflegeeinrichtungen selbst ist in den vergangenen Jahren in den Fokus unterschiedlicher Personenkreise gerückt. Die Gründe hierfür sind einfach gelagerter Natur.

Zum einen steigt die Lebenserwartung der Menschen in erheblichem Maße. Lag sie im Jahre 1950 noch bei 64,6 Jahren (Männer) bzw. 68,5 Jahren (Frauen) ist sie zwischenzeitlich um ca. 15 Jahre gestiegen und wird im Jahre 2060 voraussichtlich auf 84,4 Jahre (Männer) bzw. 88,1 Jahre (Frauen) ansteigen.

Mit steigender Anzahl älterer Menschen wird auch die Anzahl von physischen oder psychischen Erkrankungen und somit der Bedarf an Pflegeplätzen zunehmen. Zudem erhöht sich die Pflegebedürftigkeit mit zunehmendem Alter in überproportionalem Maße. Liegt die Pflegequote bei Menschen in einer Altersgruppe ab 75 Jahren bei ca. fünf bis zehn Prozent, erhöht sich diese in einer Altersgruppe ab 85 Jahren auf nahezu 40 %.

Veränderte Lebensumstände tragen zudem dazu bei, dass die häusliche Pflege von älteren Familienangehörigen in Mehrgenerationenhäusern auch nicht mehr gewährleistet werden kann oder aber nicht mehr gewünscht ist. Aus diesem Grunde und im Zuge eigenständiger Lebensplanung planen immer mehr Menschen ihre altersbedingte Wohn- und Pflegesituation im Rahmen einer Zukunftsvorsorge vor.

Durch diese erhöhten Bedarfe sind sog. „*Pflegeimmobilien*" nicht nur für die eigentlichen Nutzer, sondern überdies auch für Betreiber von Pflegeimmobilien und die Anbieter von Pflegeleistungen von Interesse. Dies zeigt sich auch anhand der Neugründungen im Pflegesektor. Von Januar bis Dezember 2019 kam es dabei zu mehr als 660 Neugründungen in den Bereichen Pflegedienste (372), Pflegeheime (42) und Tagespflege (249), die immer mehr von privaten Betreibern

P. S. Przewieslik und C. Engelhardt, *Investitionen in Pflegeimmobilien*, essentials, https://doi.org/10.1007/978-3-658-35226-4_1

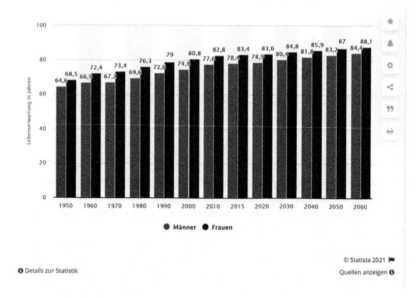

Abb. 1.1 Statista zur Lebenserwartung

dominiert werden. Wurden bereits 55 % aller Tagespflegen von privaten Betreibern gegründet, liegt ihr Anteil bei den Pflegediensten bei 91 % (Quelle www. pflegemarkt.com). Vor allem aber haben auch Investoren diese Assetklasse, nicht zuletzt wegen der Vulnerabilität gewerblich genutzter Immobilien, die sich gerade in der Coronakrise gezeigt hat, für sich entdeckt.

Die Autoren sind Prof. Dr. Clemens Engelhardt (Rechtsanwalt und Professor für Wirtschaftsrecht an der FOM Hochschule für Oekonomie und Management) und Peter S. Przewieslik (Rechtsanwalt, Syndikus der Fondara Immobilien AG und Pflegeheimspezialist). Die Autoren stehen interessierten Leserinnen und Lesern hierzu natürlich sehr gerne mit Rat und Tat zur Verfügung. Rückfragen gerne an Prof. Dr. Clemens Engelhardt unter clemens.engelhardt@trustberg.com bzw. an Peter S. Przewieslik unter peter.przewieslik@trustberg.com (Abb. 1.1).

2 Wo darf überhaupt gebaut werden? Das relevante Bauplanungsrecht im Überblick

Die stets entscheidende Standortfrage ist bei Spezialimmobilien wie Pflegeimmobilien noch kritischer als ohnehin im Immobiliengeschäft.

Dies ist nicht nur den erheblichen Unterschieden regionaler Märkte und landesrechtlicher Vorgaben, sondern vor allem auch den hochdifferenzierten Anforderungen an den Standort selbst geschuldet. Sowohl aus Sicht des Betreibers einer Pflegeimmobilie aber auch aus derjenigen eines Investors ist demzufolge eine detaillierte Beschäftigung mit den standort- und marktrelevanten Faktoren als unabdingbar anzusehen.

Ist ein entsprechender regionaler Standort in der Wirtschaftlichkeitsbetrachtung positiv beurteilt und eine Investitions- sowie Betriebsentscheidung getroffen worden, bleibt zunächst zu klären, in welchen konkreten Gebieten die Pflegeimmobilie aus bauplanerischer Sicht errichtet werden kann. Dies ist abhängig von der genauen Ausprägung der künftig geplanten Nutzung selbst.

Eine trennscharfe Differenzierung der im Pflegebereich generell vorherrschenden Angebote – bezogen auf die Unterbringung der zu betreuenden respektive zu pflegenden Personen – ist allerdings allein aufgrund der Vielzahl der geriatrisch bedingten Einschränkungen und Erkrankungen nicht möglich. Vielmehr erweisen sich die Übergänge zwischen den einzelnen Formen als fließend. Sie reichen von der initial bedingten ambulanten Pflege in der eigenen Wohnung über geriatrische Fachkrankenhäuser bis hin zu Hospizen im terminalen Pflegestadium. Dazwischen finden sich vielfältige Formen von Pflegeimmobilien, wie beispielsweise altersgerechte Wohneinheiten, Einheiten betreuten Wohnens, Altenpflegeheime, Altenpflegeheime mit betreutem Wohnen, stationäre Pflegeeinrichtungen und viele mehr.

Auch der (Sozial-)Gesetzgeber hat durch die Regelung in § 3 SGB XI für nachhaltige Veränderungen im Pflegebereich Sorge getragen. Demnach soll die

© Der/die Autor(en), exklusiv lizenziert durch Springer Fachmedien Wiesbaden GmbH, ein Teil von Springer Nature 2021

P. S. Przewieslik und C. Engelhardt, *Investitionen in Pflegeimmobilien*, essentials, https://doi.org/10.1007/978-3-658-35226-4_2

Pflegeversicherung mit ihren Leistungen vorrangig die häusliche Pflege und die Pflegebereitschaft der Angehörigen und Nachbarn unterstützen, damit die Pflegebedürftigen möglichst lange in ihrer häuslichen Umgebung bleiben können. Leistungen der teilstationären Pflege und der Kurzzeitpflege wurden den den Leistungen der vollstationären Pflege ein expliziter Vorrang eingeräumt.

Zu einer der herausragenden Aufgaben von Gemeinden gehört die Bauleitplanung. Gemäß § 1 Baugesetzbuch – BauGB – haben diese die bauliche und sonstige Nutzung der Grundstücke in der Gemeinde nach Maßgabe des BauGB vorzubereiten und zu leiten, damit eine geordnete städtebauliche Entwicklung gewährleistet werden kann. Unter Bauleitplänen versteht man dabei den Flächennutzungsplan als vorbereitenden Bauleitplan sowie den Bebauungsplan als verbindlichen Bauleitplan.

Die möglichen Festsetzungen bezüglich Art und Maß der baulichen Nutzung eines Grundstücks sowie der Bauweise und der überbaubaren Grundstücksfläche in Bauleitplänen bestimmt in diesem Kontext die Verordnung über die bauliche Nutzung der Grundstücke (Baunutzungsverordnung – BauN-VO).

In § 3 Abs. 4 BauNVO wurde statuiert, dass zu den nach § 3 Abs. 2 sowie den §§ 2, 4 bis 7 BauNVO zulässigen Wohngebäuden auch solche gehören, die ganz oder teilweise der Betreuung und Pflege ihrer Bewohner dienen. Hierunter fallen unstreitig auch alle Formen des Betreuten Wohnens.

Die Vorschrift regelt allerdings lediglich die besondere Erscheinungsform des Wohnens, nämlich der ganzen oder teilweisen Nutzung der Wohngebäude zur Betreuung und/oder Pflege ihrer Bewohner, begründet demgegenüber aber keine selbstständige Nutzungsart. Zweck ist es vielmehr, den städtebaulichen Wohnbegriff auf Verhältnisse zu erstrecken, in denen in einem Wohngebäude der Betreuungs- und Pflegezweck vorherrscht. Demzufolge muss die konkrete Nutzung die in den § 3 Absätzen 2 und 4 BauNVO festgelegten Anforderungen des erweiterten planungsrechtlichen Wohnbegriffs erfüllen. Wenn und soweit daher eine Einrichtung betreuten Wohnens entwickelt und betrieben werden soll, muss den Bewohnern ungeachtet ihres Pflege- oder Betreuungsbedarfs neben der Freiwilligkeit und der Dauerhaftigkeit des Aufenthalts ein Mindestmaß an häuslicher, selbstbestimmter Lebens- und Haushaltsführung möglich sein. Ob dies der Fall ist, richtet sich dabei nach dem konkretem Nutzungskonzept für das Gebäude.

Soweit demzufolge die vorbeschriebenen Voraussetzungen gegeben sind, verfügen die Betreiber und/oder Investoren zumindest was die Lokalisation betrifft, über hinreichend großen Spielraum.

Welche Rechtsbeziehungen bestehen? 3

Pflegeimmobilien sind vom Grundsatz her Betreiberimmobilien. Die ehemals häufig anzutreffende „*Wohnform 65+*", im Rahmen derer ältere Menschen lediglich Wohnraum anmieteten, auf Dienstleistungen untergeordneter Natur (z. B. Wäschedienste, Hausmeister-/Putzdienste) zurückgriffen und im Bedarfsfall eigenständig ambulante Pflegedienste in Anspruch nahmen, sind heutzutage gängigen Wohnformen gewichen, in denen Überlassung von Wohnraum nebst Pflege- und Betreuungsleistungen durch Betreiber im Vordergrund stehen. Soweit es letztgenannte betrifft, lässt sich eine Aufteilung in Betreiber vornehmen, welche entweder selbst oder aber im Rahmen eines Gesellschaftsverbundes die Pflegeimmobilien selbst zu Eigentum halten und solchen, die eine Anmietung der Pflegeimmobile bevorzugen. Denkbare Protagonisten eines jeden Pflegeimmobilienprojektes sind daher (abgesehen natürlich von den zu pflegenden Bewohnern) in aller Regel die Projektentwickler, Betreiber und Investoren.

Die Szenarien und Rechtsbeziehungen der einzelnen Beteiligten sind stark von den jeweiligen Eigenheiten des konkreten Vorhabens abhängig und sind demzufolge für jeden Einzelfall zu betrachten und anhand der gesetzlichen Vorgaben auszugestalten. Im Rahmen der vorliegenden Abhandlung kann allerdings nicht auf die vielschichtigen Ausprägungen eingegangen werden.

3.1 Betreibermodell

Im klassischen Betreibermodell wird die Pflegeimmobilie weder vom Betreiber errichtet noch von diesem nach Errichtung erworben. Vielmehr kommt es zu dem Abschluss eines Mietvertrages zwischen Betreiber und Eigentümer sowie zu dem

© Der/die Autor(en), exklusiv lizenziert durch Springer Fachmedien Wiesbaden GmbH, ein Teil von Springer Nature 2021
P. S. Przewieslik und C. Engelhardt, *Investitionen in Pflegeimmobilien*, essentials, https://doi.org/10.1007/978-3-658-35226-4_3

Abschluss eines Untermietvertrages sowie – je nach Ausprägung – von Pflege-
und Betreuungsverträgen mit dem Endnutzer.

Dabei gestaltet sich der Vertrag zwischen Betreiber und Eigentümer nur margi-
nal unterschiedlich – je nach Eigenschaft des Eigentümers als Projektentwicklers
mit Verkaufsabsicht oder als Bauherr mit Bestandshalteabsicht.

3.2   Owner-Operator-Modell

Natürlich gibt es auch eine ganze Reihe von Pflegeimmobilien, die durch die
Betreiber nicht gemietet bzw. gepachtet sind, sondern bei denen der Betreiber
zugleich die Eigentümerposition annimmt.

Im Gegensatz zum *„asset light Betreibermodell"* ist der Finanzierungsbedarf
beim Owner-Operator-Modell natürlich ungleich höher. Chancen und Renditen
werden natürlich ebenfalls anders zu betrachten sein.

Wer hat welche Rolle?

4

Bei Projekten von derart hoher Komplexität ist ein Überblick über die Rollenverteilung der üblichen Protagonisten tunlich (Abb. 4.1).

4.1 Endnutzer der Pflegeimmobilie

Endnutzer der Pflegeimmobilie sind vereinfacht ausgedrückt Menschen, überwiegend im fortgeschrittenen Alter, mit zumindest künftigem Bedarf an Pflege- und Betreuungsleistungen. Die Frage, ob und inwieweit sich ein Projektentwickler, Investor aber auch Betreiber einer Pflegeimmobilie nähert, ist schlussendlich von einer dezidierten Markt- und Standortanalyse abhängig, welche die Bedarfe der Endnutzer umfasst. So kann sich an einem Standort zwar kein Bedarf an stationären Pflegeeinrichtungen ergeben, sehr wohl aber an Tagespflegeeinrichtungen oder Einrichtungen des betreuten Wohnens.

4.2 Betreiber der Pflegeeinrichtung

Auf der Hand liegt, dass die primäre Aufgabe des Betreibers, gleich ob die Pflegeimmobilie angemietet wurde oder selbst zu Eigentum gehalten wird, die Erbringung der Pflege- bzw. der Betreuungsleistung des Endnutzers ist. Damit ist es aber nicht genug.

Denn der Betreiber ist natürlich auch für den laufenden Betrieb der Immobilie zuständig oder wirtschaftlich ausgedrückt: der Betreiber ist dafür verantwortlich, dass die Immobilie die gewünschte Rendite abwirft.

© Der/die Autor(en), exklusiv lizenziert durch Springer Fachmedien
Wiesbaden GmbH, ein Teil von Springer Nature 2021
P. S. Przewieslik und C. Engelhardt, *Investitionen in Pflegeimmobilien,*
essentials, https://doi.org/10.1007/978-3-658-35226-4_4

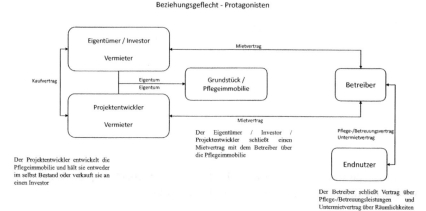

Abb. 4.1 Beziehungsgeflecht – Protagonisten

Überdies kommt dem Betreiber eine wesentliche Funktion im Rahmen der Finanzierung der Pflegeimmobilie für den Eigentümer, Investor oder Projektentwickler zu. Der Betreiber muss „*bankable*" sein oder anders ausgedrückt, die Finanzierung kann nicht unabhängig von seinem Namen, seinem Standing am Markt und seiner finanziellen Leistungskraft gesehen werden.

So gehören beispielsweise zu den Top-5-Betreibern im Segment des Betreuten Wohnens im Jahr 2021 die Augustinum gemeinnützige GmbH, die Victor's Group, der Frankfurter Verband für Alten- und Behindertenhilfe e. V., die Rosenhof Seniorenwohnanlagen und die Korian Gruppe. Quelle: www.pflegemarkt. com.

Zu den Top Betreibern im Segment der Tagespflege im Jahr 2021 gehören die advita Pflegedienst GmbH, Johanniter GmbH oder Pflegebutler Häusliche Pflege mit Stil GmbH. Quelle: www.pflegemarkt.com

Zu den Top-5-Betreibern im Jahr 2021 im Segment der Pflegeheimbetreiber gehören die Korian Gruppe, die Alloheim Seniorenresidenzen SE, die Victor's Group, die Orpea Deutschland GmBH sowie die Kursana Residenzen GmbH. Quelle: www.pflegemarkt.com

4.3   Investor bzw. Eigentümer der Immobilie

Ohne Investition keine Entwicklung. Der „*Endinvestor*" möchte die Immobilie entweder als Finanzinvestition mit entsprechenden Renditeerwartungen erwerben oder – als owner-operator – eigenständig mit entsprechenden Gewinnerwartungen betreiben. In jedem Fall ist es die Aufgabe des Investors, die Immobilie im Ankauf und der Errichtung zu finanzieren und (teils) in Stand zu halten (in aller Regel bei Mietobjekten aber nur Dach und Fach).

4.4   Projektentwickler, Planer, Berater, Banken und Financiers

Tritt der Investor nicht zugleich als Bauherr auf, sondern erwirbt schlüsselfertig als Finanzinvestition, so ist er auf einen Projektenwickler (inkl. Bauausführung) angewiesen. Dieser wird entweder das Grundstück zunächst erwerben und sodann im sog. forward deal dem Investor bereits mit einem Betreibervertrag veräußern oder aber der Investor erwirbt bereits selbst das Grundstück und vergütet dem Entwickler „nur" die Projektentwicklungsleistung.

Dass ein Projekt im Pflegebereich als Sonderimmobilie nicht ohne spezialisierte Planer und Berater (auch Rechtsberater) auskommt, dürfte kaum überraschen. Aber auch Banken und Financiers sind hier gefragt, ihre Spezialabteilungen mit einzuschalten.

Gesetzliche Vorgaben – Pflege ist nicht gleich Pflege

Für Betreiber, Entwickler, Bestandshalter und Investoren in die reizvolle Asset-klasse Pflegeheime aber schlussendlich auch dem Endkunden ist es unerlässlich zu wissen, in welchem grundsätzlichen regulatorischen Umfeld sie sich bewegen. 1974 war erstmals das Leben der Menschen in Heimen durch ein Gesetz, das sog. Heimgesetz (HeimG), bundeseinheitlich geregelt worden. Selbiges bezog sich gemäß § 1 Absatz 1 HeimG (Fassung 2001) auf Einrichtungen, die dem Zweck dienten, ältere Menschen oder pflegebedürftige oder behinderte Volljährige aufzunehmen, ihnen Wohnraum zu überlassen sowie Betreuung und Verpflegung zur Verfügung zu stellen oder vorzuhalten, und die in ihrem Bestand von Wechsel und Zahl der Bewohnerinnen und Bewohner unabhängig waren und entgeltlich betrieben wurden. Daneben war eine Vielzahl unterschiedlicher Verordnungen erlassen worden. Das Heimgesetz wies dabei die Besonderheit auf, dass sowohl zivilrechtliche als auch öffentlich-rechtliche Fragen durch den Bundesgesetzge-ber geregelt worden waren, die es zu beachten galt. Der Geltungsbereich auf besondere Wohnformen, wie das Betreute Wohnen, war in Literatur und Recht-sprechung gelegentlich umstritten. Betreute Wohnformen waren dabei allerdings von der Rechtsprechung regelmäßig und auch gegen den Willen beider Vertrags-partner dem Heimbegriff zugeschlagen und somit ein Mietvertrag in einen evtl. nicht gewollten Heimvertrag verwandelt worden.

Mit dem Inkrafttreten der Föderalismusreform am 1. August 2006 wurde die Gesetzgebungszuständigkeit des Bundes im Heimrecht auf die Bundeslän-der übertragen, soweit es den ordnungsrechtlichen Teil betraf, während die Zuständigkeit für das Vertragsrecht dagegen beim Bund verblieben ist. Auf Bun-desebene wurden die vertragsrechtlichen Vorgaben neu geregelt; beginnend mit dem 1. Oktober 2009 gilt bundesweit das Gesetz zur Regelung von Verträgen

© Der/die Autor(en), exklusiv lizenziert durch Springer Fachmedien Wiesbaden GmbH, ein Teil von Springer Nature 2021
P. S. Przewieslik und C. Engelhardt, *Investitionen in Pflegeimmobilien*, essentials, https://doi.org/10.1007/978-3-658-35226-4_5

Normen

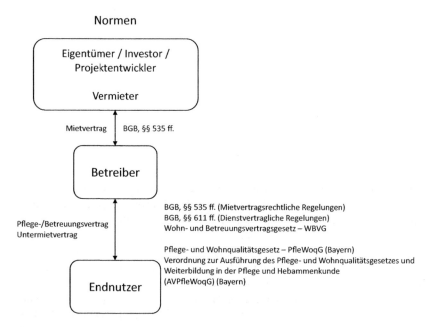

Abb. 5.1 Anwendbare Normen in der jeweiligen Rechtsbeziehung (Grundsatz)

über Wohnraum mit Pflege- oder Betreuungsleistungen (Wohn- und Betreuungsvertragsgesetz – WBVG). Auf Länderebene wurden gleichsam Gesetze für
Einrichtungen verabschiedet, die das frühere Heimgesetz ablösen. So gilt in Bayern das Gesetz zur Regelung der Pflege-, Betreuungs- und Wohnqualität im Alter
und bei Behinderung (Pflege- und Wohnqualitätsgesetz – PfleWoqG), ergänzt
durch die Verordnung zur Ausführung des Pflege- und Wohnqualitätsgesetzes und
Weiterbildung in der Pflege und Hebammenkunde (AVPfleWoqG).

Die vorbeschriebenen Normengrundlagen finden allerdings nicht auf alle Vertragsverhältnisse Anwendung, sodass seitens der Betreiber und/oder Investoren
bereits zu Beginn eines Projektes eine wesentliche Weichenstellung erfolgt. Für
den Fall der Anwendbarkeit sind daher bei Pflegeimmobilien auf vertraglicher und
ordnungsrechtlicher Basis das WBVG sowie die länderspezifischen Pflegegesetze
und -verordnungen zu beachten. Anderenfalls finden lediglich die – zumindest partiell dispositiven – miet- sowie dienstrechtlichen Vorschriften des BGB
Anwendung (Abb. 5.1).

Vetragsbeziehungen 6

Es ist an dieser Stelle nicht möglich, auf sämtliche vertraglichen Gesaltungen und Besonderheiten der einzelnen Angebote im Bereich der Pflegeimmobilien einzugehen. Dies muss vielmehr für jeden Einzelfall gesondert betrachtet werden. Exemplarisch wird daher nachfolgend lediglich auf das vertragliche Beziehungsgeflecht für betreuungs- und pflegebedürftige ältere Menschen im betreuten Wohnen bei einer noch zu errichtenden Immobilie eingegangen.

Die verschiedenen Vertragsbeziehungen der unterschiedlichen Protagonisten lassen sich hierbei vereinfacht ausgedrückt in zwei Ebenen unterteilen. Auf der ersten vermietet der Eigentümer/Investor/Projektentwickler die Pflegeimmobilie an den Betreiber und auf der zweiten Stufe tritt der Betreiber in Vertragsbeziehungen zu den Endkunden. Dort kommt es jeweils zum Abschluss eines Untermietvertrages sowie von Pflege- und Betreuungsverträgen (Abb. 6.1).

6.1 Mietvertrag – Betreiber

6.1.1 Grundsätzliches

Bei dem Vertragstypus über die Pflegeimmobilie zwischen dem Eigentümer/Investor/Projektentwickler und dem Betreiber *„betreuten Wohnens"* handelt es sich vom Grundsatz her um einen Mietvertrag gewerblicher Prägung mit den allgemein bekannten und üblichen Regelungen. Dieser weist nach Rubrum und der Präambel daher folgende klassische Regelungsinhalte auf, die im Einzelfall der Modifikation unterliegen.

1. Mietgegenstand.

Beziehungsgeflecht - Verträge

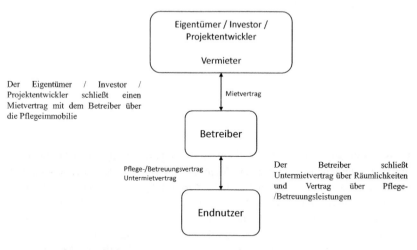

Der Eigentümer / Investor / Projektentwickler schließt einen Mietvertrag mit dem Betreiber über die Pflegeimmobilie

Mietvertrag

Pflege-/Betreuungsvertrag
Untermietvertrag

Der Betreiber schließt Untermietvertrag über Räumlichkeiten und Vertrag über Pflege-/Betreuungsleistungen

Abb. 6.1 Beziehungsgeflecht – Verträge

2. Mietzweck.
3. Endnutzerverträge.
4. Konkurrenzschutz.
5. Miete, Mietanpassung, Wertsicherung.
6. Nebenkosten.
7. Heiz- und Warmwasserkosten, Kosten der Kälteversorgung.
8. Umsatzsteuerrechtliche Regelungen.
9. Fälligkeit der Miete, Vorauszahlungen und Abrechnung Nebenkosten.
10. Minderung, Aufrechnung, Haftung Vermieter.
11. Mietsicherheit.
12. Mietbeginn, Übergabe und Mietdauer, Beendigung des Mietverhältnisses.
13. Wartung, Instandhaltung und Instandsetzung des Mietgegenstandes
14. Bauliche Veränderungen Mieter/Vermieter.
15. Haftung des Mieters, Verkehrssicherung.
16. Versicherungen Mieter/Vermieter.
17. Betreten des Mietgegenstandes durch den Vermieter.
18. Untervermietung, Wechsel der Vertragsparteien, gesellschaftsrechtliche Veränderungen, Rechtsnachfolge.
19. Betriebsvorrichtungen.

20. Mieterdienstbarkeit.
21. Veräußerung des Objektes.
22. Erklärungen und Empfangsbevollmächtigte.
23. Datenschutz.
24. Sonstiges.
25. Anlagenspiegel.

6.1.2 Spezielles

Bei nahezu allen Regelungsinhalten in den vorstehend genannten Ziffern 1 bis 25 handelt es sich um gängige Positionen. An dieser Stelle soll lediglich kurz auf die Besonderheiten, die in Ziffern 2. und 3. zwischen den Parteien thematisiert wurden, eingegangen werden.

Üblicherweise wird im Rahmen des betreuten Wohnens dem Endkunden die Möglichkeit eingeräumt, die von ihm angemieteten Räumlichkeiten mit eigenem Mobiliar und Gegenstände auszustatten. Von der Vermietung an den Betreiber ist daher üblicherweise Mobiliar und bewegliche Einrichtungsgegenstände wie Tische, Stühle oder Geschiss ausgenommen. Nicht zuletzt ist bei der Vermietung von Betriebsvorrichtungen (siehe Ziffer 19.) auch aus steuerlichen Gesichtspunkten, insbesondere Gewerbesteuer, erhöhte Aufmerksamkeit geboten, um sich nicht mit Fragestellungen im Kontext einer Gewerblichkeit konfrontiert zu sehen.

Der Betreiber wird den Mietgegenstand teilweise an seine Endkunden weiter- bzw. untervermieten. Dies hat zur Folge, dass die Regelung des § 565 (gewerbliche Weitervernietung) BGB Platz greift. Soll danach der Mieter (hier: der Betreiber) nach dem Mietvertrag den gemieteten Wohnraum gewerblich einem Dritten (hier: der Endkunde) zu Wohnzwecken weitervermieten, tritt der Vermieter bei der Beendigung des Mietverhältnisses in die Rechte und Pflichten aus dem Mietverhältnis zwischen dem Mieter und dem Dritten ein. Schließt der Vermieter erneut einen Mietvertrag zur gewerblichen Weitervermietung ab, so tritt der Mieter anstelle der bisherigen Vertragspartei in die Rechte und Pflichten aus dem Mietverhältnis mit dem Dritten ein.

Zusätzlich gelten die §§ 566a bis 566e BGB entsprechend. Eine zum Nachteil des Dritten abweichende Vereinbarung erweist sich dabei als unwirksam.

Überdies bleibt in diesem Kontext das auf Bundesebene erlassene Wohn- und Betreuungsvertragsgesetz (WBVG) sowie – bezogen beispielsweise auf das Bundesland Bayern – das Pflege- und Wohnqualitätsgesetz (PfleWoqG), ergänzt

durch die Verordnung zur Ausführung des Pflege- und Wohnqualitätsgesetzes und Weiterbildung in der Pflege und Hebammenkunde (AVPfleWoqG) zu
berücksichtigen.

Um an dieser Stelle möglicherweise erheblichen Nachteilen des Vermieters
zu begegnen ist es erforderlich, zum einen Regelungen zur Nutzung des Mietgegenstandes durch den Mieter im Wege der Überlassung an Dritte zu treffen.
Hier sollte daher darauf geachtet werden, dass der Mieter zwar zur Nutzung bzw.
zur Einräumung von Nutzungsrechten im Wege der Weiter- bzw. Untervermietung des Mietgegenstandes an den Endkunden berechtigt ist und zwar auch in
Verbindung mit dem Abschluss von Betreuungs- und/oder Serviceverträgen. Dies
allerdings nur mit der Maßgabe, dass zwischen den von dem Mieter abgeschlos-
senen Nutzungsvereinbarungen und solchen Betreuungs- und Serviceverträgen
keine (rechtliche) Abhängigkeit vereinbart werden darf. Die Verträge zur Weiter-
bzw. Untervermietung sollten weiter keine über die reine Nutzungsüberlassung
hinausgehenden Betreuungs- und/oder Serviceleistungen beinhalten. Der Mieter
muss den Vermieter (insbesondere auch einen etwaigen Erwerber des Mietgegenstandes als neuen Vermieter) insoweit von sämtlichen Nachteilen freistellen,
die aus einem Verstoß gegen die vorstehende Verpflichtung entstehen. Ob dieser
Freistellungsanspruch gesondert zu sichern ist, bleibt der Einzelfallentscheidung
überlassen. Zum anderen sind Regelungen in Bezug auf die Endkundenverträge
vor dem Hintergrund von potenziellen Betreiberwechseln zu treffen.

6.2   Mietvertrag – Endkunde

Die Ausgestaltung der Endkundenverträge ist zunächst einmal primär Betreiberan-
gelegenheit. Allerdings steht für den Eigentümer/Investor/Projektentwickler nicht
nur die nachhaltige Erwirtschaftung einer Rendite durch die Vermietung an den
Betreiber zur Disposition, sondern es ergeben sich unter anderem durchaus auch
rechtliche Implikationen durch die vorbeschriebene Regelung des § 565 BGB.

Vor diesem Hintergrund soll nun kursorisch auf die Regelungsinhalte des
WBVG eingegangen werden, die für sämtliche Protagonisten von Interesse sind,
um die Immobilie und damit auch die Art und Weise der konkreten Nutzung
richtig einwerten zu können.

6.2.1 Anwendbarkeit

Das WBVG findet zunächst einmal grundsätzlich Anwendung auf Verträge, in denen sich ein Unternehmer vertraglich zur Überlassung von Wohnraum und zum Erbringen von Pflege- oder Betreuungsleistungen an volljährige Verbraucher verpflichtet. Unerheblich ist dabei, ob die Pflege- oder Betreuungsleistungen nach den vertraglichen Vereinbarungen vom Betreiber zur Verfügung gestellt oder vorgehalten werden. Selbige müssen allerdings der Bewältigung eines durch Alter, Pflegebedürftigkeit oder Behinderung bedingten Hilfebedarfs dienen. Anders als das frühere Heimgesetz gelangt demzufolge das WBVG nicht nur bei Wohn- und Pflegeeinrichtungen stationärer Prägung zur Anwendung, sondern kommt auch in den neueren ambulant betreuten Wohnformen zum Tragen.

Die Begrifflichkeiten des „*Unternehmers*" sowie des „*Verbrauchers*" finden sich in den §§ 13, 14 des Bürgerlichen Gesetzbuches (BGB). Unter Verbrauchern versteht man danach jede natürliche Person, die ein Rechtsgeschäft zu Zwecken abschließt, die überwiegend weder ihrer gewerblichen noch ihrer selbständigen beruflichen Tätigkeit zugerechnet werden können. Die Volljährigkeit tritt gemäß § 2 BGB mit der Vollendung des 18. Lebensjahres ein. Demgegenüber versteht man unter einem Unternehmer eine natürliche oder juristische Person oder eine rechtsfähige Personengesellschaft, die bei Abschluss eines Rechtsgeschäfts in Ausübung ihrer gewerblichen oder selbstständigen beruflichen Tätigkeit handelt. Für die Zwecke der nachfolgenden Darstellungen setzen wir an Stelle des Unternehmers den Betreiber.

Juristischen Personen sind vereinfacht ausgedrückt Vereinigungen von Personen oder Sachen zu einer rechtlich geregelten Einheit, die von der Rechtsordnung Rechtsfähigkeit verliehen bekommen. Hierunter fallen sowohl juristische Personen des Privatrechts wie beispielsweise eingetragene Vereine (e. V.), Gesellschaften mit beschränkter Haftung (GmbH) oder Aktiengesellschaften (AG) als auch solche des öffentlichen Rechtes wie beispielsweise Körperschaften des öffentlichen Rechts (KdöR). Als Rechtsfähige Personengesellschaften gelten beispielsweise Kommanditgesellschaften (KG) und Gesellschaften bürgerlichen Rechts (GbR).

Der Begriff des „*Wohnraums*" ist unabhängig von Größe und Ausstattung auszusehen und erfährt eine weite Auslegung. Es kommen sowohl einzelne Zimmer, Appartements oder aber ganze Wohnungen im herkömmlichen Sinne in Betracht. Die Notwendigkeit einer Ausstattung mit einem Bad/WC oder aber einer Küche respektive Kochgelegenheit ist nicht gegeben. Sehr wohl notwendig ist demgegenüber die Verbindung der Überlassung von Wohnraum zugleich mit der Verpflichtung zur Erbringung von Pflege- oder Betreuungsleistungen, welche überdies der Bewältigung eines durch Alter, Pflegebedürftigkeit oder Behinderung bedingten Hilfebedarfs dienen. Ziel ist es insoweit, dem Verbraucher in einer doppelten Abhängigkeitssituation einen gewissen Schutz zukommen zu lassen. Von den sogenannten *„Pflegeleistungen"* bzw. *„Betreuungsgsleistungen"* werden alle im Rahmen des Elften Buches Sozialgesetzbuch (Soziale Pflegeversicherung, SGB XI) anerkannten Leistungen, gleich ob im stationären oder ambulanten Bereich umfasst. Danach sind als Pflege- und Betreuungsleistungen solche Tätigkeiten respektive Hilfestellungen denkbar, die in Rahmen- oder Versorgungsverträgen nach dem SGB XI mit Heimträgern oder ambulanten Pflegediensten vereinbart werden. Eine wesentlich zu beachtender Topos ist in diesem Kontext indes, dass die hier gegenständlichen Leistungen einen gewissen Grad und Umfang aufweisen müssen. Soweit es sich bei diesen lediglich um allgemeine Unterstützungsleistungen handelt, so zum Beispiel die Vermittlung von Pflege- oder Betreuungsleistungen, Leistungen der hauswirtschaftlichen Versorgung oder Notrufdienste, findet das WBVG gemäß § 1 Absatz 1 Satz 3 keine Anwendung.

Pflege- oder Betreuungsleistungen müssen nach den vertraglichen Vereinbarungen vom Unternehmer zur Verfügung gestellt oder vorgehalten werden. Die Differenzierung liegt hierbei lediglich in der zeitlichen Komponente. In ersterem Fall können die relevanten Dienstleistungen durch den Verbraucher beginnend mit dem Vertragsschluss in Anspruch genommen werden; im zweiten Fall kann selbiger bei einem zu Vertragsschluss noch mangelnden Bedarf auch erst in der Zukunft auf selbige zurückgreifen.

Um Umgehungstatbestände zu vermeiden, statuiert das WBVG expressiv verbis abschließend drei weitere Fälle, in denen seine Anwendbarkeit normiert wird.

So findet es gleichsam Anwendung, wenn die vom Unternehmer geschuldeten Leistungen zwar Gegenstand verschiedener Verträge sind, aber der Bestand des Vertrags über die Überlassung von Wohnraum von dem Bestand des Vertrags über die Erbringung von Pflege- oder Betreuungsleistungen abhängig ist; der Verbraucher an dem Vertrag über die Überlassung von Wohnraum nach den vertraglichen Vereinbarungen nicht unabhängig von dem Vertrag über die Erbringung von Pflege- oder Betreuungsleistungen festhalten kann oder der Unternehmer den Abschluss des Vertrags über die Überlassung von Wohnraum von dem Abschluss des Vertrags über die Erbringung von Pflege- oder Betreuungsleistungen tatsächlich abhängig macht.

Unerheblich ist in diesem Kontext, ob die Leistungen von verschiedenen Unternehmers geschuldet werden, es sei denn, diese sind rechtlich oder wirtschaftlich nicht miteinander verbunden. Eine rechtliche und wirschaftliche Verbundenheit im Sinne des WBVG kann in unterschiedlichen Ausprägungen gegeben sein.

So können beispielsweise Unternehmensgruppen durch einzelne miteinander verbundene Gesellschaften im Sinne der §§ 15 ff. AktG die hier gegenständlichen Leistungen anbieten. In Betracht kommt aber auch, dass zwei Unternehmen sich vertraglich zur Zusammenarbeit verbinden, um im Rahmen eines Projektes neben Wohnraum auch Pflege- und Betreuungsleistungen anzubieten. Die Beweislast für das Nichtvorliegen einer rechtlichen und wirtschaftlichen Abhängigkeit respektive das Vorliegen einer Unabhängigkeit liegt beim Unternehmer.

Ungeachtet der vorbeschriebenen Abgrenzungen hat der Gesetzgeber in §§ 1, 2 WBVG bereits niedergelegt, in welchen Fällen eine Anwendbarkeit des Gesetzes per se ausgeschlossen ist. Dies ist gemäß § 1 Absatz 1 Satz 3 WBVG der Fall, wenn zwar Wohnraum überlassen wird, gleichsam damit verbunden aber nur und ausschließlich allgemeine Unterstützungsleistungen wie die bloße Vermittlung von Pflege- oder Betreuungsleistungen, Leistungen der hauswirtschaftlichen Versorgung oder Notrufdienste vertragsgegenständlich werden. In diesen Fallkonstellationen erscheint die Gefahr und damit das besondere Schutzbedürfnis vor einer doppelten Abhängigkeit nicht gegeben. Weiter gelten die Regelungen des WBVG gemäß § 2 nicht bei Verträgen über Leistungen der Krankenhäuser, Vorsorge- und Rehabilitationseinrichtungen im Sinne des § 107 des Fünften Buches Sozialgesetzbuch (Recht der Krankenversicherung, SGB V), Leistungen der Internate der Berufsbildungs- und Berufsförderungswerke, Leistungen im Sinne des § 41 des Achten Buches Sozialgesetzbuch (Recht der Kinder- und Jugendhilfe, SGB VIII) sowie Leistungen, die im Rahmen von Kur- oder Erholungsaufhalten erbracht werden.

6.2.2 Kernpunkte des WBVG

Ist nach den unter Ziffer 6.2.1 beschriebenen Voraussetzungen eine Anwendbarkeit des WBVG gegeben, wurden durch den Gesetzgeber diverse Vorgaben normiert, die sich u. a. auf Informationspflichten des Betreibers bereits vor Abschluss des Vertrages, auf Modalitäten beim Vertragsschluss selbst bis hin zu inhaltlichen Vorgaben im synallagmatischen Austauschverhältnis erstrecken.

Es handelt sich bei den gesetzlichen Vorgaben des WBVG soweit sie sich auf den Verbraucher beziehen bzw. zu dessen Gunsten normiert wurden, um zwingende Regelungen. Gemäß § 16 WBVG sind daher zum Nachteil des Verbrauchers abweichende Vereinbarungen der Parteien als unwirksam anzusehen.

6.2.2.1 Informationspflichten vor Vertragsabschluss

Gemäß § 3 Absatz 1 WBVG hat der Unternehmer den Verbraucher rechtzeitig vor Abgabe von dessen Vertragserklärung in Textform und in leicht verständlicher Sprache über sein allgemeines Leistungsangebot und über den wesentlichen Inhalt seiner für den Verbraucher in Betracht kommenden Leistungen zu informieren.

Der Gesetzgeber hat darauf verzichtet, Fristen und Zeiträume für die Informationspflichten zu normieren, sodass es maßgeblich auf die Umstände des jeweiligen Einzelfalls ankommt. Einen Anhaltspunkt bietet § 17 Absatz 2a Nr. 2 Beurkundungsgesetz. Bei Verbraucherverträgen soll der Notar nämlich darauf hinwirken, dass der Verbraucher ausreichend Gelegenheit erhält, sich vorab mit dem Gegenstand der Beurkundung auseinanderzusetzen, wobei im Regelfall eine Frist von zwei Wochen vor der Beurkundung vorgegeben wurde. Gleichwohl ist eine Unterschreitung der Frist möglich; der Notar hat dann aber die diesbezüglichen Gründe in der Niederschrift anzugeben. Auch im Anwendungsbereich des WBVG sollte daher auf eine Frist von zwei Wochen abgestellt werden, sofern im Einzelfall keine (nachvollziehbaren) Unterschreitungsgründe gegeben sind. In jedem Fall musste der betroffene Verbraucher alle ihm erteilten Informationen verstehen und bearbeiten können, um von einer angemessenen Frist ausgehen zu können.

Die durch ihn zu erteilenden Informationen hat der Unternehmer dem Verbraucher grundsätzlich in Textform zu erteilen. An dieser Stelle gilt § 126b BGB, wonach eine lesbare Erklärung, in der die Person des Erklärenden genannt ist, auf einem dauerhaften Datenträger abgegeben werden muss. Unter einem dauerhaften Datenträger versteht man jedes Medium, das es dem Empfänger ermöglicht, eine auf dem Datenträger befindliche, an ihn persönlich gerichtete Erklärung so aufzubewahren oder zu speichern, dass sie ihm während eines für ihren Zweck angemessenen Zeitraums zugänglich ist, und geeignet ist, die Erklärung unverändert wiederzugeben. Der Unternehmer kann in diesem Zusammenhang aber auch einen Prospekt übermitteln, sofern in selbigen alle notwendigen Informationen beinhaltet sind.

Der Gesetzgeber hat auch in Bezug auf das Erfordernis der leicht verständlichen Sprache keine näheren Konkretisierungen getätigt. Auszugehen ist auf jedem Fall von einer verbraucherschutzorientierten Sichtweise, sodass weder fachlich vorgebildete noch akademisch ausgebildete Verbraucher den Maßstab des Informationshorizontes bilden können. Im Gegenteil müssen auch Informationsempfänger ohne weitreichende schulische Ausbildung die ihnen erteilten Information verstehen können. Hierzu ist es erforderlich, nicht auf Fremdwörter und Fachbegriffe abzustellen oder aber Verweisungen auf andere Texte, vor allem durch schlichtes Zitieren von Gesetzestexten vorzunehmen. Prinzipiell muss sich der Inhalt des Textes auf den ersten Blick erschließen.

Soweit es das allgemeine Leistungsangebot des Unternehmers betrifft, hat dieser gemäß § 3 Absatz 2 WBVG beispielsweise Angaben zu tätigen über:

- die Ausstattung und Lage des Gebäudes, in dem sich der zu beziehende Wohnraum befindet,
- die Ausstattung und Lage der gemeinschaftlich genutzten Anlagen und Einrichtungen und deren Nutzungsbedingungen,
- die mit der Wohnraumüberlassung verbundenen Leistungen nach Art, Inhalt und Umfang sowie
- die Ergebnisse von Qualitätsprüfungen soweit nach § 115 Absatz 1a Satz 1 des Elften Buch Sozialgesetzbuch (Soziale Pflegeversicherung, SGB XI) oder nach den Vorschriften der einzelnen Bundesländer eine Veröffentlichung der Prüfberichte vorgesehen ist.

Soweit es den wesentlichen Inhalt der für den Verbraucher in Betracht kommenden Leistungen betrifft, hat dieser gemäß § 3 Absatz 3 WBVG beispielsweise Angaben zu tätigen über:

- den Wohnraum, die Pflege- oder Betreuungsleistungen, gegebenenfalls die Verpflegung als Teil der Betreuungsleistungen sowie die einzelnen weiteren Leistungen nach Art, Inhalt und Umfang,
- das den Pflege- oder Betreuungsleistungen zugrunde liegenden Leistungskonzept,
- die für die in Nummer 1 benannten Leistungen jeweils zu zahlenden Entgelten, der nach § 82 Absatz 3 und 4 des Elften Buches Sozialgesetzbuch gesondert berechenbaren Investitionskosten sowie des Gesamtentgelts,
- die Voraussetzungen für mögliche Leistungs- und Entgeltveränderungen,
- den Umfang und die Folgen eines Ausschlusses der Angebotspflicht nach § 8 Absatz 4 WBVG, wenn ein solcher Ausschluss vereinbart werden soll. In diesem Unterfall hat die Darstellung zudem in hervorgehobener Form zu erfolgen.

Wenngleich das WBVG bereits Vorgaben bezüglich der Form vor allem aber auch bezüglich einzelner Inhalte enthält, sind diese nicht erschöpfend und vollumfassend. Soweit sich nämlich Informationspflichten aus anderen Gesetzen ergeben, bleiben solche unberührt. Zu denken ist in diesem Zusammenhang an andere Bundesgesetze, aber auch landesrechtliche Vorgaben. So sind beispielsweise in Bayern diverse Informationspflichten in Artikel 6 PfleWoqG statuiert. Danach ist ein Träger unter anderem dazu verpflichtet, den Bewohnerinnen und Bewohnern Einblick in die sie betreffenden Aufzeichnungen der Pflege-, Hilfe- oder Förderplanung und deren Umsetzung im Sinn des Art. 3 Abs. 2 Nrn. 8 und 10 Pfle-WoqG zu gewähren; die Bewohnerinnen und Bewohner über vorhandene Beratungs- und Beschwerdestellen zu informieren oder aber die Pflege-Prüfberichte nach Maßgabe von Art. 17b Abs. 2 zu veröffentlichen.

Bei den vorbeschriebenen Informationspflichten handelt es sich um wesentliche gesetzliche Vorgaben, deren Nichtbeachtung im Sinne des Verbraucherschutzes für den Unternehmer gravierende Nachteile nach sich ziehen. So kann der Verbraucher gemäß § 3 Absatz 4 i.V.m. § 6 Absatz 2 Satz 2 WBVG den Vertrag jederzeit kündigen, ungeachtet der Geltendmachung weiterer Ansprüche, wobei hier vorrangig an Schadensersatzansprüche zu denken wäre.

6.2.2.2 Vertragsschluss und Vertragsdauer

Gerade bei Personen, die betreut respektive gepflegt werden müssen, steht oftmals auch die Frage der Geschäftsfähigkeit im Raum. Als geschäftsunfähig ist gemäß § 104 Nr. 2 BGB eine Person anzusehen, die sich in einem die freie Willensbestimmung ausschließenden Zustand krankhafter Störung der Geistestätigkeit befindet, sofern nicht der Zustand seiner Natur nach ein vorübergehender ist. Willenserklärungen, die durch eine geschäftsunfähige Person abgegeben werden, sind gemäß § 105 Absatz 1 BGB als nichtig und damit nicht existent anzusehen.

Das WBVG enthält hier ein modifiziertes Regelungsregime. War der Verbraucher bei Abschluss des Vertrages geschäftsunfähig, so hängt die Wirksamkeit des Vertrages von der Genehmigung seines Bevollmächtigten oder seines Betreuers ab, wie sich aus § 4 Absatz 2 WBVG ergibt. Fordert der Unternehmer den Bevollmächtigten oder den Betreuer zur Erklärung über die Genehmigung auf, so kann die Erklärung gemäß § 108 Absatz 2 BGB, der analog zur Anwendung gelangt, nur ihm gegenüber und nur bis zum Ablauf von zwei Wochen nach Zugang der Aufforderung abgegeben werden; anderenfalls gilt sie als verweigert. In dem Zeitraum zwischen Abschluss und Genehmigung ist der Vertrag zwar als schwebend unwirksam anzusehen, dessen ungeachtet sind die währenddessen bewirkten Leistungen als wirksam erbracht anzusehen und können insbesondere nicht wegen fehlender Rechtsgrundlage zurückgefordert werden. Dem Unternehmer ist es während des Schwebezustandes zudem gemäß § 4 Absatz 2 Satz 3 WBVG nicht erlaubt, sich von dem Vertrag zu lösen, soweit nicht ein wichtiger Grund angenommen werden kann.

Mietverträge über Wohnräume können zumindest im Rahmen der Regelungen des § 575 BGB unter gewissen Voraussetzungen auf eine bestimmte Zeit eingegangen werden. Dies ist beispielsweise dann der Fall, wenn der Vermieter die Räume als Wohnung für sich selbst nutzen oder durch Familienangehörige nach

Ablauf der Mietzeit nutzen lassen will. Der Verbraucher allerdings, der sich für ein betreutes Wohnen entschieden hat, zeichnet demgegenüber ein vitales Interesse daran, möglichst bis zu seinem Lebensende sowohl mit Wohnraum als auch mit Pflegeleistungen versorgt zu sein bzw. versorgt zu werden. Demzufolge wird der Wohn- und Betreuungsvertrag gemäß § 4 Absatz 1 WBVG grundsätzlich auf unbestimmte Zeit geschlossen. Lediglich in den Fällen, in denen die Befristung den Interessen des Verbrauchers, nicht des Vertragspartners/Vermieters, nicht widerspricht, ist eine Befristung zulässig. Der Gesetzgeber wollte damit die Möglichkeit eröffnen, Verträge für eine Kurzzeitpflege abzuschließen. Dies kann unter anderem dann erforderlich sein, wenn beispielsweise die Pflege gewährleistenden Personen lediglich temporär verhindert sind und eine dauerhafte Unterbringung generell nicht gewünscht ist. Eine Höchstdauer für eine Befristung sieht das WBVG nicht vor. Dadurch steht es den Parteien frei, einmalig eine längere Laufzeit als Befristung zu vereinbaren, soweit es den Interessen des Verbrauchers nicht widerspricht oder sogar mehrmals hintereinander Verträge mit befristeten Vertragslaufzeiten einzugehen. Liegt allerdings eine unwirksame Befristungsvereinbarung vor, so führt dies gemäß § 4 Abs. 1 S. 3 WBVG zum Abschluss eines unbefristeten Vertrages, sofern der Verbraucher seinen entgegenstehenden Willen nicht innerhalb von zwei Wochen nach dem Ende der vereinbarten Vertragsdauer gegenüber dem Betreiber erklärt. Es obliegt daher der Entscheidung des Verbrauchers, ob er den Vertrag weiter fortbestehen lassen will.

Das Mietvertragsrecht sieht eine automatische Beendigung des Vertragsverhältnisses beim Tode des Mieters zunächst einmal nicht vor. Allerdings wurde gemäß § 580 BGB sowohl dem Erben als auch dem Vermieter das Recht eingeräumt, das Mietverhältnis innerhalb eines Monats, nachdem sie vom Tod des Mieters Kenntnis erlangt haben, außerordentlich mit der gesetzlichen Frist zu kündigen. Das WBVG enthält auch hier in Anlehnung an die mit den gesetzlichen Regelungen erfolgten Intention eine Modifikation. Wie sich aus § 4 Absatz 3 WBVG ergibt, endet das Vertragsverhältnis mit dem Tod des Verbrauchers. Eine vertragliche Abänderung ist zwar möglich, kann aber nur dahingehend bezüglich der Überlassung des Wohnraums und die Fortzahlung des darauf entfallenden Entgelts für einen Zeitraum von nicht länger als zwei Wochen nach dem Sterbetag des Verbrauchers getroffen werden. In Falle einer wirksamen Verlängerung ermäßigt sich indes das geschuldete Entgelt um den Wert der ersparten Aufwendungen des Unternehmers.

Werden indes bestimmte Leistungen aus der Pflegeversicherung oder aber der Sozialhilfe in Anspruch genommen, haben diese gemäß § 15 WBVG Vorrang vor individualvertraglichen Abreden. So endet beispielsweise gemäß § 87a Abs. 1 Satz 2 SGB XI die Zahlungspflicht der Heimbewohner oder ihrer Kostenträger mit dem Tag, an dem der Heimbewohner aus dem Heim entlassen wird oder verstirbt. In derartigen Fällen kann daher in dem Vertrag zwischen Betreiber und Verbraucher die zweiwöchige Fortgeltung des Vertrages nicht rechtswirksam vereinbart werden. Zu differenzieren ist in diesem Zusammenhang jedoch zwischen der Überlassung von Wohnraum sowie den Pflege- und Betreuungsleistungen einerseits und Vereinbarungen über die Güter des verstorbenen Verbrauchers selbst. Hier ist es den Parteien unbenommen, Abreden über die weitere Behandlung der Nachlassgegenstände zu treffen.

6.2.2.3 Formvorschriften und Vertragsinhalt

Gemäß § 6 Absatz 1 Satz 1 WBVG ist für den Vertragsabschluss die Schriftform ausdrücklich vorgeschrieben, um einen Schutz vor übereilten Erklärungen zu erreichen und die Vereinbarungen zudem zu dokumentieren. Das Schriftformerfordernis gilt dabei auch bei Vertragsänderungen. Zur Wahrung der Form ist es gemäß § 126 Absatz 1 BGB ausreichend, wenn der Vertrag durch den Verbraucher eigenhändig durch Namensunterschrift oder mittels notariell beglaubigten Handzeichens unterzeichnet wird; der Unternehmer muss ebenfalls auf derselben Urkunde unterschreiben. Der im Bürgerlichen Gesetzbuch gemäß § 126 Absatz 3 BGB mögliche Abschluss in elektronischer Form ist demgegenüber gemäß § 6 Absatz 1 Satz 2 WBVG explizit ausgeschlossen. Auch bezüglich der Anlagen muss die Schriftform gewahrt werden. Zwar muss nicht jede Anlage unterschrieben oder paraphiert sein. Vertrag und Anlagen müssen aber so aufeinander Bezug nehmen, dass eindeutig erkennbar ist, welche Anlagen zu dem Vertrag gehören.

Der Unternehmer muss dem Verbraucher gemäß § 6 Absatz 1 Satz 2 WBVG eine Vertragsausfertigung aushändigen, somit eine körperliche Übergabe der Urkunde vornehmen. Zwar ist die Übergabe per se für die Wirksamkeit des (formwirksamen) Vertragsabschlusses nicht von Bedeutung. Allerdings verfügt der Verbraucher für diesen Fall über das Recht, den Vertrag gemäß § 11 Absatz 2 Satz 2 WBVG noch bis zum Ablauf von zwei Wochen nach der später erfolgten Aushändigung zu kündigen.

Der Gesetzgeber hat nicht nur das Schriftformerfordernis normiert, sondern den Unternehmer zwingenden Vorgaben über den Inhalt des Vertrages unterworfen; er muss Mindeststandards einhalten. So muss der Vertrag ausweislich der Regelung in § 6 Absatz 3 WBVG mindestens.

- die Leistungen des Unternehmers nach Art, Inhalt und Umfang einzeln beschreiben,
- die für diese Leistungen jeweils zu zahlenden Entgelte, getrennt nach Überlassung des Wohnraums, Pflege- oder Betreuungsleistungen, gegebenenfalls

Verpflegung als Teil der Betreuungsleistungen sowie den einzelnen weiteren Leistungen, die nach § 82 Absatz 3 und 4 des Elften Buches Sozialgesetzbuch gesondert berechenbaren Investitionskosten und das Gesamtentgelt angeben,

- die Informationen des Unternehemers nach § 3 als Vertragsgrundlage benennen und mögliche Abweichungen von den vorvertraglichen Informationen gesondert kenntlich machen,
- die Informationen nach § 36 Absatz 1 des Verbraucherstreitbeilegungsgesetzes vom 19. Februar 2016 (BGBl. I S. 254) geben; dies gilt auch, wenn der Unternehmer keine Webseite unterhält oder keine Allgemeinen Geschäftsbedingungen verwendet.

Ziel ist es unter anderem, dem Verbraucher eine genaue Überprüfung des Vertragstextes gerade auch im Vergleich zu den vorvertraglich gemäß § 3 WBVG erteilen Informationen zu ermöglichen und unterschiedliche Angebote in Hinblick auf Leistungsumfang und hierfür zu entrichtenden Entgelten transparenter zu gestalten.

Entspricht ein Rechtsgeschäft nicht der gesetzlich vorgesehenen Form, ist es gemäß § 125 Satz 1 BGB als nichtig anzusehen. Das WBVG unterbricht indes diesen Grundsatz und normiert eine differierende Rechtsfolge. Liegt ein schriftlicher Vertragsschluss nicht vor, ist gleichwohl von einem wirksamen Vertrag auszugehen. Dessen ungeachtet sind aber gemäß § 6 Absatz 2 Satz 1 WBVG Vereinbarungen, welche zu Lasten des Verbrauchers von den gesetzlichen Regelungen abweichen, als unwirksam anzusehen. Überdies verfügt der Verbraucher über die Möglichkeit, den Vertrag gemäß § 6 Absatz 2 Satz 2 WBVG jederzeit ohne Einhaltung einer Kündigungsfrist zu kündigen. Etwas anderes gilt lediglich in den Fallgestaltungen, in denen der Vertragsabschluss im Interesse des Verbrauchers unterblieben ist. Hier hat dann der schriftliche Vertragsschluss umgehend nachgeholt zu werden § 6 Absatz 2 Satz 3 WBVG.

6.2.2.4 Sicherheitsleistungen

Soweit im Wohnungsmietrecht der Mieter dem Vermieter für die Erfüllung seiner Pflichten Sicherheit zu leisten hat, so darf diese gemäß § 551 BGB höchstens das Dreifache der auf einen Monat entfallenden Miete ohne die als Pauschale oder als Vorauszahlung ausgewiesenen Betriebskosten betragen. Ist als Sicherheit eine Geldsumme bereitzustellen, so ist der Mieter zu drei gleichen monatlichen Teilzahlungen berechtigt. Handelt es sich um einen Mietvertrag über Gewerbemietraum, so greifen die Restriktionen des § 551 BGB nicht und die Vertragsparteien in der diesbezüglichen Einigung frei.

Ausgehend von dem Verbraucherschutzinteresse reglementiert auch das WBVG die Berechtigung des Unternehmers, Sicherheitsleistungen zu verlangen. So kann der Unternehmer von dem Verbraucher gemäß § 14 Absatz 1 Satz 1 WBVG Sicherheiten für die Erfüllung seiner Pflichten aus dem Vertrag zunächst einmal nur dann verlangen, wenn dies vertraglich vereinbart ist. Die Sicherheit darf dabei§ 14 Absatz 1 Satz 2 WBVG das Doppelte des auf einen Monat entfallenden Entgelts nicht übersteigen. Auf Verlangen des Verbrauchers kann die Sicherheit auch durch eine Garantie oder ein sonstiges Zahlungsversprechen eines im Geltungsbereich des Gesetzes zum Geschäftsbetrieb befugten Kreditinstituts oder Kreditversicherers oder einer öffentlich-rechtlichen Körperschaft geleistet werden. Soweit als Sicherheit eine Geldsumme bereitzustellen ist, so kann diese gemäß § 14 Absatz 3 Sätze 1 und 2 WBVG in drei gleichen monatlichen Teilleistungen erbracht werden, deren erste zu Beginn des Vertragsverhältnisses fällig wird.

Soweit der Anwendungsbereich des WBVG bei Abschluss verschiedener Verträge über die Überlassung von Wohnraum sowie die Erbringung von Pflege- oder Betreuungsleistungen eröffnet ist, kann der Unternehmer die Sicherheit nicht für beide Vertragswerke, sondern gemäß § 14 Absatz 2 WBVG lediglich für die Überlassung von Wohnraum einverlangen. Für Pflege- oder Betreuungsleistungen kann der Unternehmer demzufolge keine Sicherheitsleistung verlangen. Auch in gewissen Fallgestaltungen, so beispielsweise vollstationärer Pflege gemäß § 43 SGB XI, können keine Sicherheitsleistungen vereinbart werden. Vereinbarungen mit abweichendem Charakter sind aufgrund der zwingenden Ausgestaltung des WBVG zu Gunsten des Verbrauchers unwirksam; soweit es sich um solche zu Gunsten des Verbrauchers handelt, demgegenüber wirksam.

6.2.2.5 Leistungspflichten

Das WBVG hat in § 7 gegenseitige Rechte und Pflichten der Vertragsparteien normiert. Während in Absatz 1 der Vorschrift die Pflichten des Unternehmers niedergelegt wurden, sind in Absatz 2 die Leistungspflichten des Verbrauchers aufgeführt.

Pflichten des Unternehmers

Der Unternehmer schuldet zunächst einmal die Überlassung des Wohnraums an den Verbraucher in einem zum vertragsgemäßen Gebrauch geeigneten Zustand. Hierzu ist auch die Erbringung der vertraglich vereinbarten Nebenpflichten, so die Versorgung mit Wasser, Wärme und Strom und insbesondere die Einhaltung der allgemeinen Schutz- und Verkehrssicherungspflichten zu zählen. Der Wohnraum ist während der vereinbarten Vertragsdauer in dem zur Überlassung geschuldeten Zustand zu erhalten. Eine Abwälzung der Schönheitsreparaturen, wie im Mietrecht üblich, auf den Verbraucher ist nicht möglich.

Zudem hat der Unternehmer die vertraglich vereinbarten Pflege- oder Betreuungsleistungen nach dem allgemein anerkannten Stand fachlicher Erkenntnisse zu erbringen. Nachdem es sich insoweit indes um einen dynamischen Prozess handelt, ist zur Bestimmung des Leistungssolls nicht auf den Zeitpunkt des Vertragsschlusses, sondern auf denjenigen der Leistungserbringung selbst abzustellen.

Der Unternehmer hat gemäß § 7 Absatz 3 Satz 1 WBVG das Entgelt sowie die Entgeltbestandteile für die Verbraucher nach einheitlichen Grundsätzen zu bemessen. Abweichungen sind nach § 7 Absatz 3 Satz 2 WBVG demgegenüber nur in Ausnahmefällen möglich.

Eine weitere wesentliche Vertragspflicht des Unternehmers ergibt sich aus § 7 Absatz 4 WBVG. Erbringt er demnach Leistungen unmittelbar zulasten eines Sozialhilfeträgers, ist er zu einem unverzüglichen schriftlichen Hinweis an den Verbraucher unter Mitteilung des Kostenanteils verpflichtet.

Gleichsam einen Eingriff in die Vertragsdisposition des Unternehmers enthält die Regelung in § 7 Absatz 5 WBVG. Soweit demnach der Verbraucher länger als drei Tage abwesend ist, muss sich der Unternehmer den Wert der dadurch ersparten Aufwendungen auf seinen Entgeltanspruch anrechnen lassen, wenngleich er hier eine Pauschalierung vorsehen kann.

Pflichten des Verbrauchers

Die wesentliche Vertragspflicht des Verbrauchers besteht in der Zahlung des vereinbarten Entgelts. Überdies hat er die allgemeinen vertraglichen Nebenpflichten, insbesondere den vertragsgemäßen Gebrauch der Wohnräume, zu beachten.

Die Zahlungspflicht des Verbrauchers besteht gemäß § 7 Absatz 2 WBVG allerdings nur in Bezug auf ein Entgelt, welches insgesamt und nach seinen Bestandteilen im Verhältnis zu den Leistungen angemessen ist. Eine genaue Definition der Angemessenheit enthält § 7 Absatz 2 WBVG jedoch nicht. Ziel des Gesetzgebers war es, den Verbraucher nicht vollständig den Kräften des Marktes auszusetzen. Allerdings darf der Unternehmer einen entsprechenden Gewinn einkalkulieren, nachdem er weder nur kostendeckend oder sogar defizitär arbeiten muss. Soweit aber Verbraucher Leistungen im Rahmen der Sozialhilfe erhalten, gelten Besonderheiten. In Verträgen mit Verbrauchern, die Leistungen nach dem Elften Buch Sozialgesetzbuch in Anspruch nehmen, gilt gemäß § 7 Absatz 2 WBVG die aufgrund der Bestimmungen des Siebten und Achten Kapitels des Elften Buches Sozialgesetzbuch festgelegte Höhe des Entgelts als vereinbart und angemessen. In Verträgen mit Verbrauchern, denen Hilfe in Einrichtungen nach

dem Zwölften Buch Sozialgesetzbuch gewährt wird, gilt die aufgrund des Zehn-
ten Kapitels des Zwölften Buches Sozialgesetzbuch festgelegte Höhe des Entgelts
als vereinbart und angemessen. In Verträgen mit Verbrauchern, die Leistungen
nach Teil 2 des Neunten Buches Sozialgesetzbuch in Anspruch nehmen, gilt die
aufgrund der Bestimmungen des Teils 2 Kap. 8 des Neunten Buches Sozialgesetzbuch festgelegte Höhe des Entgelts für diese Leistungen als vereinbart und
angemessen. Die Ermittlung der Angemessenheit hat, gegebenenfalls durch eine
Schätzung des Gerichtes gemäß § 287 ZPO, in zwei Stufen zu erfolgen. Neben
der Feststellung des objektiven Wertes der Leistung im Allgemeinen unter anderem anhand eines ansonsten üblichen Marktpreises ist im Anschluss zu prüfen,
ob die Leistung für den Verbraucher angemessen in dem Sinne ist, dass er sie in
dieser Art und Weise sowie ihrem Umfang auch benötigt.

Das WBVG regelt anders als § 556b Absatz 1 BGB, der im Mietrecht eine
Vorleistungspflicht des Mieters normiert, in diesem Zusammenhang nicht, wann
der Verbraucher seine Zahlungsverpflichtung zu erbringen hat. Wegen des in § 16
WBVG normierten Verbotes vom Gesetz abweichender Regelungen, kann eine
Vorleistungspflicht vertraglich nicht wirksam vereinbart werden, sodass der Verbraucher daher erst nach Ablauf der vereinbarten Zeiträume oder der Erbringung
der Leistung zahlen muss.

Soweit eine anhand der vorstehenden Kriterien eine unangemessene Preisbil-
dung vorliegt, ist von einer Unwirksamkeit nach § 134 BGB auszugehen und
entsteht ein Rückforderungsanspruch des Verbrauchers nach § 812 Abs. 1 S. 1
BGB. Von einer vollständigen Unwirksamkeit des Vertrags ist jedoch wegen des
Sicherungsgedanken des WBVG nicht auszugehen.

6.2.2.6 Vertragsanpassung bei Veränderung des Pflege- bzw. Betreuungsbedarfes

Aufgrund der geriatrischen Progression kommt es während der Vertragslaufzeit
zumeist zu einem veränderten Pflege- oder Betreuungsbedarfs des Verbrauchers.
Damit er nach Möglichkeit in der von ihm gewählten Einrichtung verbleiben
kann, sieht das WBVG zwar einen Anspruch gegen den Unternehmer auf Erhalt
eines Angebotes zur Anpassung der Leistung vor; räumt allerdings auch dem
Unternehmer in engen Grenzen die Möglichkeit ein, ein solches vertraglich
auszuschließen.

Ändert sich daher der Pflege- oder Betreuungsbedarf des Verbrauchers, muss
der Unternehmer gemäß § 8 Absatz 1 WBVG eine entsprechende Anpassung
der Leistungen anbieten, wobei es dem Verbraucher sodann freisteht, selbiges
zur Gänze oder lediglich in teilweisem Umfange anzunehmen oder aber vollständig abzulehnen. Für den Fall der Annahme erhöht oder verringert sich das

sowohl der Leistungsumfang als auch damit korrelierend das zu leistende Entgelt. Das Angebot des Unternehmers zur Anpassung des Vertrags ist gemäß § 8 Absatz 3 WBVG dem Verbraucher durch Gegenüberstellung der bisherigen und der angebotenen Leistungen sowie der dafür jeweils zu entrichtenden Entgelten, die wiederum angemessen zu sein haben, schriftlich darzustellen und zu begründen. Soweit allerdings Verbraucher Leistungen aus der Pflegeversicherung oder Sozialhilfe in Einrichtungen erhalten, kann der Vertrag bereits gemäß § 8 Absatz 2 WBVG durch einseitige Erklärung des Unternehmers angepasst werden.

Der Unternehmer verfügt in diesem Kontext jedoch über die Möglichkeit, seine Verpflichtung zur Stellung eines entsprechenden Angebotes gemäß § 8 Absatz 4 Satz 1 WBVG ganz oder teilweise auszuschließen. Dies setzt jedoch zunächst einmal voraus, dass der Ausschluss durch gesonderte Vereinbarung mit dem Verbraucher in Schriftform bereits bei Vertragsabschluss in hervorgehobener Form erfolgt. Die entsprechende vertragliche Regelung muss sich daher, soweit sie in dem (Ausgangs-)Vertrag selbst enthalten ist, in nicht zu übersehender Weise aus dem übrigen Text hervorheben und ist von dem Verbraucher gesondert zu unterschreiben. Weiter ist der Ausschluss gemäß § 8 Absatz 4 Satz 2 WBVG ist nur wirksam, soweit der Unternehmer unter Berücksichtigung des dem Vertrag zugrunde gelegten Leistungskonzepts sich auf ein berechtigtes Interesse berufen kann und dieses in der Vereinbarung begründet. Die Kriterien, die der Unternehmer dabei dem Ausschluss zugrunde legt, müssen demzufolge an objektiven Kriterien ausgerichtet sein und für eine Mehrheit entsprechend betroffener Personen, nicht aber für die Einzelperson, gelten.

6.2.2.7 Entgelterhöhung bei Änderung der Berechnungsgrundlage

Ungeachtet einer Veränderung der Entgeltforderungen des Unternehmers wegen eines modifizierten Pflege- oder Betreuungsbedarfs, kann er gemäß § 9 Absatz 1 Satz 1 WBVG zudem eine Erhöhung des Entgelts verlangen, wenn sich die bisherige Berechnungsgrundlage verändert. Dies kommt vor allem dann in Betracht, wenn sich in einzelnen Positionen Kostensteigerungen ergeben. Neben dem erhöhten Entgelt muss dabei aber auch die Erhöhung selbst angemessen sein.

Das WBVG unterwirft daher die Berechtigung des Unternehmers Kostensteigerungen im Wege einer Entgelterhöhung auf die Verbraucher umzuwälzen einer doppelten Prüfung in Bezug auf ihre Angemessenheit. Soweit die Entgelterhöhungen auf Investitionsaufwendungen zurückgeführt werden sollen, sind sie gemäß § 9 Absatz 1 Satz 4 WBVG nur zulässig, soweit sie nach der Art des Betriebs notwendig sind und nicht durch öffentliche Förderung gedeckt werden. Reine Luxussanierungen sind daher zwar möglich, allerdings alleine durch den Unternehmer zu tragen und von diesem nicht im Wege der Entgelterhöhung einbringlich.

Beabsichtigt der Unternehmer eine Erhöhung seiner Entgeltforderungen, so ist er gemäß § 9 Absatz 2 WBVG dazu gehalten, den Verbraucher hierüber schriftlich zu unterrichten und sein Verlangen zu begründen. Dabei muss insbesondere der Zeitpunkt der Erhöhung, der Umlagemaßstab sowie die Positionen angegeben werden, für die sich durch die veränderte Berechnungsgrundlage Kostensteigerungen ergeben. Zudem sind erneut die bisherigen Entgeltbestandteile den vorgesehenen neuen Entgeltbestandteilen gegenüberzustellen. Damit der Verbraucher prüfen kann, ob und inwieweit sich das Verlangen des Unternehmers als gerechtfertigt erweist, muss ihm gemäß § 9 Absatz 2 Satz 5 WBVG rechtzeitig Gelegenheit zur Einsichtnahme in die Kalkulationsunterlagen gegeben werden.

Liegen alle Voraussetzungen für eine wirksame Erhöhung des Entgelts vor, schuldet der Verbraucher gemäß § 9 Absatz 2 Satz 4 WBVG das erhöhte Entgelt frühestens vier Wochen nach Zugang des hinreichend begründeten Erhöhungsverlangens. Allerdings kann er gemäß § 11 Absatz 1 Satz 2 WBVG den Vertrag jederzeit zum Zeitpunkt des Erhöhungsverlangens kündigen.

6.2.2.8 Nichtleistung oder Schlechtleistung durch den Unternehmer

Im Falle einer Nicht- bzw. Schlechtleistung durch den Unternehmer stehen dem Verbraucher über die allgemeinen Regelungen des Bürgerlichen Gesetzbuches hinausgehend unter anderem die in § 10 WBVG normierten Rechte zu.

Erbringt daher der Unternehmer die vertraglichen Leistungen ganz oder teilweise nicht oder weisen sie nicht unerhebliche Mängel auf, kann der Verbraucher unbeschadet weitergehender zivilrechtlicher Ansprüche bis zu sechs Monate rückwirkend eine angemessene Kürzung des vereinbarten Entgelts verlangen. Gleichwohl ist zu differenzieren. Liegt ein Mangel des Wohnraums vor oder wird eine Maßnahme zum Schutz des Wohnraums gegen eine nicht vorhergesehene Gefahr erforderlich, so hat der Verbraucher dies dem Unternehmer gemäß § 10 Absatz 2 WBVG unverzüglich anzuzeigen. Insoweit entspricht die Regelung den mietvertragsrechtlichen Vorgaben des BGB in § 536c BGB. Unterbleibt die Anzeige schuldhaft und kann der Unternehmer aus diesem Grunde keine Abhilfe schaffen, entfällt das Kürzungsrecht des Verbrauchers.

6.2.2.9 Wechsel der Vertragsparteien

Verstirbt ein Mieter, so tritt im allgemeinen Mietrecht u. a. der Ehegatte oder Lebenspartner, der mit dem Mieter einen gemeinsamen Haushalt führt, gemäß § 563 BGB in das Mietverhältnis ein, sofern nicht innerhalb eines Monats, Kenntnis vom Tod es Mieters eine gegenteilige Erklärung erfolgt. Dem Vermieter steht lediglich ein fristgebundenes Kündigungsrecht aus wichtigem Grunde zu.

Auch das WBVG sieht in § 5 WBVG einen Eintritt bestimmter Personen, namentlich solcher, die mit dem Verbraucher einen auf Dauer angelegten gemeinsamen Haushalt geführt haben und nicht Vertragspartner des Unternehmers hinsichtlich der Überlassung des Wohnraums sind, vor. Allerdings ist die Fortsetzung befristet bis zum Ablauf des dritten Kalendermonats nach dem Sterbetag des Verbrauchers, soweit nicht eine gegenteilige Erklärung der Person innerhalb von vier Wochen nach dem Sterbetag des Verbrauchers erfolgt. Die Entgeltpflicht bezieht sich dabei lediglich auf den Kostenanteil des Wohnraums aus dem Vertrag. Einen weiteren Schutzmechanismus zugunsten des Verbrauchers ist in § 5 Absatz 2 WBVG implementiert worden, welcher dem mietvertragsrechtlichen Regime entspricht. Wird der überlassene Wohnraum nach Beginn des Vertragsverhältnisses von dem Unternehmer an einen Dritten veräußert, gelten für die Rechte und Pflichten des Erwerbers hinsichtlich der Überlassung des Wohnraums die §§ 566 bis 567b des BGB entsprechend; mit anderen Worten tritt der Erwerber in das Vertragsverhältnis ein.

6.2.2.10 Kündgung des Vertrages

Das WBVG sieht in den §§ 11 und 12 Kündigungsrechte für den Verbraucher einerseits und den Unternehmer andererseits vor. Aufgrund des Verbraucherschutzcharakters sind die Kündigungsrechte des Letztgenannten wesentlich restriktiver ausgebildet als diejenigen des Verbrauchers, welchem weitestgehende Lösungsmöglichkeiten vom Vertrag eingeräumt werden.

Kündigung des Verbrauchers

Dem Verbraucher stehen zwei Möglichkeiten der Kündigung offen, die ordentliche sowie die außerordentliche Kündigung aus wichtigem Grund.

Bereits zu Anfang des Vertragsverhältnisses steht dem Verbraucher ein unkonditioniertes Kündigungsrecht zu. So ist er gemäß § 11 Absatz 2 Satz 1 WBVG innerhalb von zwei Wochen nach Beginn des Vertragsverhältnisse berechtigt, den Vertrag jederzeit ohne Einhaltung einer Frist zu kündigen.

War dem Verbraucher erst nach Beginn des Vertragsverhältnisses eine Vertragsausfertigung ausgehändigt worden, so kann er gemäß § 11 Absatz 2 Satz 2 WBVG bis zu zwei Wochen nach der Aushändigung kündigen.

Ansonsten kann der Vertrag grundsätzlich in Abweichung zu den mietvertragsrechtlichen Vorgaben des Bürgerlichen Gesetzbuches gemäß § 11 Absatz 1 Satz 1 WBVG bis zum dritten Werktag eines jeden Monats zum Ablauf desselben Kalendermonats schriftlich gekündigt werden.

Hat der Unternehmer eine Entgelterhöhung gemäß § 9 WBVG ausgesprochen, kann der Verbraucher den Vertrag gemäß § 11 Absatz 1 Satz 2 WBVG jederzeit zum Zeitpunkt des Erhöhungsverlangens kündigen. Zu differenzieren ist hinsichtlich der Vertragspartner des Verbrauchers. Wurden für die Überlassung des Wohnraums und die Pflege- oder Betreuungsleistungen jeweils getrennte Verträge mit demselben Unternehmer oder getrennte Verträge mit mehreren Unternehmer geschlossen, können die Verträge nur einheitlich zum selben Zeitpunkt gekündigt werden, wenn entweder der Bestand des Vertrags über die Überlassung des Wohnraums vom Bestand des Vertrags über die Erbringung von Pflege- oder Betreuungsleistungen abhängig ist oder der Verbraucher nach den vertraglichen Vereinbarungen an dem Vertrag über die Wohnraumüberlassung nicht unabhängig von dem Vertrag über die Erbringung von Pflege- oder Betreuungsleistungen festhalten kann. Die Kündigung muss in diesen Fällen gemäß § 11 Absatz 1 Satz 4 WBVG gegenüber jedem Unternehmer erklärt werden.

Ungeachtet der vorstehenden Kündigungsrechte, kann der Verbraucher – wie auch bei Dauerschuldverhältnissen gemäß § 314 BGB – den Vertrag gemäß § 11 Absatz 3 WBVG jederzeit ohne Kündigungsfrist aus wichtigem Grund kündigen, sofern ihm die Fortsetzung des Vertrages bis zum Ablauf der oben ordentlichen Kündigungsfrist zum Ende des Kalendermonats nicht zuzumuten ist. Dem Verbraucher kommt, soweit die Verträge gemäß § 1 Absatz 2 WBVG voneinander abhängig sind, jedoch das Recht zu nur denjenigen Vertrag zu kündigen, für den ihm ein außerordentliches Kündigungsrecht zusteht oder aber auch den anderen Vertrag kündigt. Er ist daher – anders als bei der ordentlichen Kündigung – nicht dazu verpflichtet, sämtliche Vertragsverhältnisse gemeinschaftlich zu kündigen. Für den Fall der Kündigung aller Verträge kann die Kündigung gemäß § 11 Absatz 4 Satz 3 WBVG nur einheitlich zu demselben Zeitpunkt und im Bedarfsfall nur gegenüber allen Unternehmern erklären.

Abschließend steht dem Verbraucher noch ein Kündigungsrecht gemäß § 11 Absatz 5 WBVG für den Fall zu, dass der Unternehmer selbst einen von verschiedenen Verträgen, die gemäß § 1 Absatz 2 WBVG voneinander abhängig sind, kündigt. Der Verbraucher ist dann dazu berechtigt, unverzüglich zum selben Zeitpunkt alle anderen Verträge zu kündigen und zwar ungeachtet, ob diese mit einem oder mehreren Unternehmern geschlossen wurden.

Kündigung durch den Unternehmer

Grundsätzlich soll der Verbraucher geschützt und sein Verbleib in dem Wohnraum und der Erhalt der Pflege- oder Betreuungsleistungen dauerhaft gesichert sein. Unternehmer können den Vertrag demzufolge nur aus wichtigem Grund kündigen, wenn ihnen daher ein Festhalten an dem Vertrag nicht mehr zumutbar ist, wobei die Kündigungserklärung gemäß § 12 Absatz 1 Satz 2 WBVG zwingend schriftlich abzufassen und zu begründen ist. Das WBVG normiert indes in § 12 WBVG keine als abschließend zu verstehenden wichtigen Gründe, sondern legt fest, wann insbesondere von solchen auszugehen ist. Es verbleibt daher bei einer Einzelfallentscheidung, ob sich der Unternehmer vom Vertrag lösen kann. Ausgeschlossen ist in jedem Fall gemäß 12 Absatz 1 Satz 4 WBVG, dass der Unternehmer eine Kündigung des Vertrags zum Zwecke der Erhöhung des Entgelts ausspricht.

Ein wichtiger Grund ist gemäß 12 Absatz 1 Satz 3 Nr. 1 WBVG dann anzunehmen, wenn der Unternehmer den Betrieb einstellt, wesentlich einschränkt oder in seiner Art verändert und die Fortsetzung des Vertrages für den Unternehmer eine unzumutbare Härte bedeuten würde. Hier ergeben sich Analogien zur betriebsbedingten Kündigung von Arbeitsvertragsverhältnissen nach dem Kündigungsschutzgesetz.

Ein wichtiger Grund ist gemäß 12 Absatz 1 Satz 3 Nr. 2 WBVG gleichsam dann anzunehmen, wenn der Unternehmer eine fachgerechte Pflege- oder Betreuungsleistung nicht erbringen kann. Dies kann gemäß lit. a) darauf beruhen, dass der Verbraucher eine angebotene Anpassung der Leistung wegen einer Veränderung des Betreuungs- oder Pflegebedarfs nicht annimmt oder gemäß lit. b) darauf zurückzuführen sein, dass der Unternehmer eine Anpassung der Leistungen wegen einer Veränderung des Betreuungs- oder Pflegebedarfs vor Vertragsbeginn in einer gesonderten Vereinbarung wirksam ausgeschlossen hatte. In beiden Unterfällen muss dem Unternehmer deshalb ein Festhalten an dem Vertrag nicht zumutbar sein. § 12 Absatz 2 WBVG enthält insoweit jedoch eine Einschränkung. Der Unternehmer kann in dieser Fallgestaltung lediglich dann von seinem Kündigungsrecht Gebrauch machen, wenn er zuvor dem Verbraucher gegenüber sein Anpassungsangebot unter Bestimmung einer angemessenen Annahmefrist wiederholt und auf die beabsichtigte Kündigung hingewiesen hat. Wurde durch den Verbraucher die – auch teilweise – Annahme erklärt, ist der Kündigungsgrund als entfallen anzunehmen.

Ein wichtiger Grund ist gemäß 12 Absatz 1 Satz 3 Nr. 3 WBVG gegeben, wenn der Verbraucher seine vertraglichen Pflichten schuldhaft so gröblich verletzt, dass dem Unternehmer die Fortsetzung des Vertrags nicht mehr zugemutet werden kann.

Ein wichtiger Grund ist gemäß 12 Absatz 1 Satz 3 Nr. 4 WBVG ist bei Zahlungsverzügen des Verbrauchers gegeben. Befindet sich der Verbraucher für zwei aufeinanderfolgende Termine mit der Entrichtung des Entgelts oder eines Teils des Entgelts, der das Entgelt für einen Monat übersteigt, im Verzug, erstarkt ein Kündigungsrecht des Unternehmer. Ein solches kommt auch zum Tragen, wenn ein Entgeltrückstand über einen Zeitraum, der sich über mehr als zwei Termine erstreckt, die Höhe des Betrages das Entgelt für zwei Monate erreicht. Einschränkend kann der Unternehmer jedoch eine Kündigung nur dann aussprechen, wenn er zuvor dem Verbraucher gemäß § 12 Absatz 3 Satz 1 WBVG unter Hinweis auf die beabsichtigte Kündigung erfolglos eine angemessene Zahlungsfrist gesetzt hat. Weiter sind auch hier Analogien zum Mietvertragsrecht, insbesondere § 569 Absatz 3 Nr. 2 BGB zu verzeichnen. Ist der Verbraucher in den Fällen des mit der Entrichtung des Entgelts für die Überlassung von Wohnraum in Rückstand geraten, ist die Kündigung gemäß § 12 Absatz 3 Satz 2 WBVG ausgeschlossen, wenn der Unternehmer vorher befriedigt wird. Die Kündigung wird gemäß § 12 Absatz 3 Satz 3 WBVG unwirksam, wenn der Unternehmer bis zum Ablauf von zwei Monaten nach Eintritt der Rechtshängigkeit des Räumungsanspruchs hinsichtlich des fälligen Entgelts befriedigt wird oder eine öffentliche Stelle sich zur Befriedigung verpflichtet.

Liegt ein wichtiger Grund im Sinne des WBVG vor, kann der Unternehmer die Kündigung nur in den Fällen des § 12 Absatz 1 Satz 3 Nr. 2 bis 4 WBVG mit fristloser Wirkung aussprechen. In allen anderen Fällen ist eine Kündigung gemäß § 12 Absatz 4 Satz 2 WBVG nur bis zum dritten Werktag eines Kalendermonats zum Ablauf des nächsten Monats zulässig.

Soweit mehrere Verträge vorliegen, gleich ob mit einem oder mehreren Unternehmern, geschlossen wurden, sind die Kündigungsregelungen gemäß § 12 Absatz 5 Satz 1 WBVG auf jeden der Verträge gesondert anzuwenden. Im Übrigen kann ein Unternehmer gemäß § 12 Absatz 5 Satz 2 WBVG einen Vertrag auch dann kündigen, wenn die Kündigung durch einen anderen, gleich ob Unternehmer oder Verbraucher, ausgesprochen wurde, sofern ihm deshalb ein Festhalten an dem Vertrag unter Berücksichtigung der berechtigten Interessen des Verbrauchers nicht zumutbar ist. Dabei muss die Ausübung unverzüglich nach Kenntnis von der Kündigung des anderen Vertrages ausgeübt werden.

6.2.2.11 Nachweis von Leistungsersatz und Übernahme von Umzugskosten

Das WBVG normiert für bestimmte Kündigungsfälle Ansprüche des Verbrauchers auf Nachweis von Leistungsersatz und zumindest teilweise auch die Übernahme von Umzugskosten. Abhängig ist dies schlussendlich von der Verantwortungssphäre des Kündigungstatbestandes.

Nachweis auf Leistungsersatz

Hat der Verbraucher den Vertrag gemäß § 11 Absatz 3 Satz 1 WBVG aus wichtigem Grund gekündigt, weil ihm die Fortsetzung des Vertrags bis zum Ablauf der Kündigungsfrist nicht zuzumuten war, ist der Unternehmer diesem gemäß

§ 13 Absatz 1 WBVG auf Verlangen zum Nachweis eines angemessenen Leistungsersatzes zu zumutbaren Bedingungen verpflichtet. Gleiches gilt gemäß § 13 Absatz 2 WBVG für den Fall, dass die Kündigung durch den Unternehmer gemäß § 12 Absatz 1 Satz 1 WBVG ausgesprochen wurde, allerdings nur dann, wenn diese auf einer Betriebseinstellung, Betriebseinschränkung oder Betriebsveränderung beruht (§ 12 Absatz 1 Satz 1 Nr. 1 WBVG) oder der Unternehmer gemäß § 12 Absatz 5 WBVG gekündigt hat, weil ein anderer Vertrag gekündigt wurde und ihm ein Festhalten am Vertrag unter Berücksichtigung der berechtigten Interessen des Verbrauchers nicht zumutbar war.

Werden mehrere Verträge gekündigt, kann der Verbraucher gemäß § 13 Absatz 4 Satz 3 WBVG den Nachweis eines angemessenen Leistungsersatzes zu zumutbaren Bedingungen von jedem Unternehmer gesamtschuldnerisch fordern, dessen Vertrag gekündigt ist.

Die Nachweispflicht setzt eine Kündigung des Verbrauchers nicht voraus; dieser kann bei einer Kündigung aus wichtigem Grund den Nachweis auch schon vor Aussprache der Kündigung gemäß § 13 Absatz 3 WBVG fordern.

Erstattung von Umzugskosten
Neben dem Nachweis von Leistungsersatz ist der Unternehmer gemäß §§ 13 Absatz 1, Absatz 2 Satz 2 WBVG zusätzlich zur Übernahme von Umzugskosten in angemessenem Umfang auf Verlangen des Verbrauchers verpflichtet, wenn dieser wegen eines vom Unternehmer zu vertretendem wichtigem Grunde gekündigt hat (§ 11 Absatz 3 Satz 1 WBVG) oder aber die Kündigung durch den Betreiber wegen einer Betriebseinstellung, Betriebseinschränkung oder Betriebsveränderung ausgesprochen wurde (§ 12 Absatz 1 Satz 1 Nr. 1 WBVG).

Handelt es sich um mehrere Verträge, sind die Umzugskosten allerdings nur dann gemäß § 13 Absatz 4 Satz 2 WBVG zu zahlen, wenn der Vertrag über Wohnraum gekündigt wurde, wobei auch hier eine gesamtschuldnerische Haftung der Unternehmer anzunehmen ist.

6.2.2.12 Besondere Bestimmungen in Bezug auf Sozialleistungen

§ 15 WBVG normiert besondere Bestimmungen für den Fall des Bezuges von Sozialleistungen. So müssen gemäß § 15 Absatz 1 WBVG beispielsweise in Verträgen mit Verbrauchern, die Leistungen nach dem Elften Buch Sozialgesetzbuch in Anspruch nehmen, die Vereinbarungen den Regelungen des Siebten und Achten Kapitels des Elften Buches Sozialgesetzbuch sowie den aufgrund des Siebten und Achten Kapitels des Elften Buches Sozialgesetzbuch getroffenen Regelungen entsprechen. Vereinbarungen, die diesen Regelungen nicht entsprechen, sind unwirksam .

Auf eine Darstellung sozialrechtlicher Vorgaben wird im Rahmen dieser Abhandlung indes bewusst verzichtet.

Länderebene

Wie bereits dargelegt, wurden in Ansehung der Föderalismusreform im Jahr 2006 auf Länderebene Gesetze für Einrichtungen verabschiedet, die das frühere Heimgesetz ablösen und ordnungsrechtliche Vorgaben beinhalten.

Es ist an dieser Stelle wegen des Umfanges nicht möglich, auf die einzelnen länderrechtlichen Bestimmungen einzugehen. In Bayern gilt beispielsweise das Gesetz zur Regelung der Pflege-, Betreuungs- und Wohnqualität im Alter und bei Behinderung (Pflege- und Wohnqualitätsgesetz – PfleWoqG) vom 8. Juli 2008 sowie die Verordnung zur Ausführung des Pflege- und Wohnqualitätsgesetzes (AVPfleWoqG) vom 27. Juli 2011.

Ausweislich Artikel 1 PfleWoqG ist mit dem Gesetz unter anderem der Zweck verbunden, die Würde sowie die Interessen und Bedürfnisse pflege- und betreuungsbedürftiger Menschen als Bewohnerinnen und Bewohner stationärer Einrichtungen und sonstiger Wohnformen im Sinn dieses Gesetzes (Bewohnerinnen und Bewohner) vor Beeinträchtigung zu schützen (Artikel 1 Absatz 1 Nr. 1 PfleWoqG), in stationären Einrichtungen und sonstigen Wohnformen im Sinn des Gesetzes eine dem allgemein anerkannten Stand der fachlichen Erkenntnisse entsprechende Betreuung und Wohnqualität für die Bewohnerinnen und Bewohner zu sichern (Artikel 1 Absatz 1 Nr. 3 PfleWoqG) oder aber die Einhaltung der dem Träger gegenüber den Bewohnerinnen und Bewohnern obliegenden Pflichten zu sichern (Artikel 1 Absatz 1 Nr. 6 PfleWoqG).

Ausgenommen von dem Anwendungsbereich des PfleWoqG sind gemäß Artikel 2 Absatz 2 PfleWoqG lediglich Formen des betreuten Wohnens, die zwar die Voraussetzungen stationärer Einrichtungen erfüllen, bei welchen aber die Mieterinnen oder Mieter oder Käuferinnen oder Käufer vertraglich lediglich dazu verpflichtet werden, allgemeine Betreuungsleistungen wie Notrufdienste,

P. S. Przewieslik und C. Engelhardt, *Investitionen in Pflegeimmobilien*, essentials, https://doi.org/10.1007/978-3-658-35226-4_7

die Vermittlung von Dienst- und Pflegeleistungen oder Informationen und Beratungsleistungen (Grundleistungen) von bestimmten Anbietern abzunehmen und die über die Grundleistungen hinausgehenden Betreuungs- und Pflegeleistungen (Zusatzleistungen) von den Bewohnerinnen oder Bewohnern frei wählbar sind.

Greifen die gesetzlichen Vorgaben des PfleWoqG sind die Besonderen Vorschriften für stationäre Einrichtungen (2. Teil) und Besonderen Vorschriften für ambulant betreute Wohngemeinschaften und Betreute Wohngruppen (3. Teil) zu beachten. Diese beinhalten unter anderem Anforderungen an Träger und Leitung einer stationären Einrichtung, regeln die Aufgaben und Befugnisse der zuständigen Behörde oder setzen sich mit Qualitätsanforderungen und -sicherungen auseinander. Den Normen kommt deswegen ein erhöhter Grad an Bedeutung zu, da sie nach Maßgabe von § 23 PfleWoqG ordnungswidrigkeitenbewehrt sind.

Die AVPfleWoqG normiert unter anderem Bauliche und Personelle Mindestanforderungen (Teile 1 und 2), regelt die Mitwirkung und Teilhaberechte (Teil 3) oder beinhaltet Allgemeine sowie Besondere Vorschriften zur Weiterbildung (Teile 6 und 7). Auch hier ist die Nichtbeachtung nach Maßgabe von § 52 AVPfleWoqG ordnungswidrigkeitenbewehrt.

Transaktionsgeschehen

8

Der Pflegemarkt ist von einer Dynamik geprägt, die nicht zuletzt auch einem harten Konkurrenzkampf und Verdrängungswettbewerb geschuldet ist.

In jüngster Vergangenheit kam es in diesem Kontext zur diversen Betriebsübernahmen von teilweise erheblichem Umfang. So hat sich beispielsweise die Alloheim Senioren-Residenzen SE im Laufe der vergangenen Jahre in erheblichem Maße vergrößert und zwischen 2018 und 2020 die CMS-Gruppe, die Itertalklinik Seniorenzentren, Pro Talis sowie die Senioreneinrichtungen Mohring und Vital Wohnen erworben. Mittlerweile sind bundesweit über 230 Senioren-Residenzen, rund 80 Standorte im Betreuten Wohnen und 25 ambulante Pflegedienste Teil der Alloheim-Gruppe. Auch die Korian Gruppe vergrößerte ihr Portfolio mittels eines Erwerbs der Qualivita AG oder aber die Argentum Gruppe mit dem Erwerb der Deutschen Pflege und Wohnen.

Abgesehen von den Betriebsübernahmen kam es auch zum Erwerb größeren Umfanges von Pflegeimmobilien durch Finanzinvestoren. So wurden umfangreiche Erwerbstätigkeiten durch Finanzinvestoren wie die Hemsö Fastighets AB, einer von Schwedens führenden privaten Eigentümern im Bereich Sozialimmobilien oder aber der Deutsche Wohnen SE getätigt. Handelt es sich bei vorgenannten um mehr oder weniger reine Finanzinvestoren, erfolgten größere Immobilienerwerbe allerdings gleichsam auch durch führende Entwickler und Anbieter von Seniorenwohn- und Pflegeimmobilien wie beispielsweise der Carestone Group GmbH.

P. S. Przewieslik und C. Engelhardt, *Investitionen in Pflegeimmobilien*, essentials, https://doi.org/10.1007/978-3-658-35226-4_8

Was Sie aus diesem *essential* mitnehmen können

- Wer im Bereich Pflegeimmobilien tätig ist, sollte sich mit den grundlegenden Protagonisten, ihrer jeweiligen Rolle sowie den rechtlichen Beziehungen untereinander auskennnen.
- Nicht nur Betreiber von Pflegeimmobilien müssen dabei die rechtlichen Vorgaben für den Betrieb selbst kennen; vielmehr kann eine Investitionsentscheidung beispielsweise nur auf Basis einer Renditeerwartung erfolgen und diese wiederum hängt nun einmal von den Rechtsbeziehungen zur betreuten Person ab.
- Konsortien sowie Unternehmensgruppen betreiben Pflegeimmobilien – gerade die Betreiber sind aktuell interessante Investitionskandidaten, nicht nur die Immobilien selbst.
- Wer das rechtliche Umfeld versteht, kann sowohl Investitionsentscheidungen reflektieren als auch in diesem nachhaltig stark wachsenden Markt bestehen.

© Der/die Herausgeber bzw. der/die Autor(en), exklusiv lizenziert durch 41
Springer Fachmedien Wiesbaden GmbH, ein Teil von Springer Nature 2021
P. S. Przewieslik und C. Engelhardt, *Investitionen in Pflegeimmobilien,*
essentials, https://doi.org/10.1007/978-3-658-35226-4

Printed by Printforce, the Netherlands